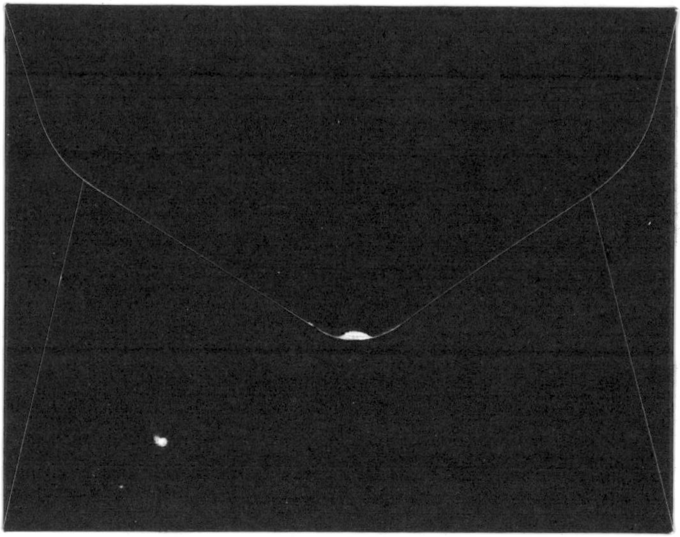

Tradução para o português: Carmen Pareras
Revisão: Luiz Carlos Segundo
Colaboração editorial: Adriana Toledo de Almeida

www.livropresente.com

Av. Elias Zarzur Nº168 / Cep: 06708-210
Cotia - São Paulo - Brasil
Tel/Fax: (55-11) 4612-2866
e-mail: editoras@vergarariba.com.br

ISBN: 85-87213-64-4

Fotocromia: DTP Ediciones, Buenos Aires
Impresso em China por AVA Book Production Pte Ltd, Singapore,
production@avabooks.com.sg

Printed In China
Fevereiro de 2004

Perdoa-me

Texto e Fotografias

de Kristiane e Volker Wybranietz

V✻R

Nós as pessoas utilizamos
distintos símbolos
para expressar
nossos sentimentos
e emoções.

Eu decidi te presentear
este livro como sinal
de meu arrependimento.

Símbolos

Reconheço minha impulsividade
e sei que muitas vezes
me irrito e me deixo levar
pelo calor de uma situação.

Depois,
desejaria esconder-me
mas já é demasiado tarde.
Por favor, perdoa-me!

Perdão

Um tropeço inesperado
pode nos ocorrer
a qualquer momento.

Mesmo de maneira involuntária
todos nos equivocamos
em alguma ocasião.

Mas quando uma relação é forte
como a que nos une, o mundo
não se acaba frente a um erro.

Tropeço

Inocência

Não creias que com isto
quero lavar minhas mãos
e proclamar minha inocência.

Sei que, nesta ocasião,
me enganei
e quero reparar meu erro.

Às vezes parece
que nós, pessoas,
entramos
em uma espécie de rota
de colisão.

Mas, se conseguimos
evitar esse obstáculo
capaz de nos sucumbir,

**podemos ter a oportunidade
de navegar juntos
através de águas turbulentas.**

Juntos

Compreendo
que inclusive
pequenos atritos
sem aparente importância
podem criar
grandes sombras...

Detalhes

Minha intenção hoje
não é adoçar teus ouvidos
dizendo palavras vazias...

e sim, construir
novas pontes
que substituam
as que possam
haver sido danificadas.

Pontes

Os laços do afeto
podem ser tão fortes
como as mais resistentes
barras de ferro.

Mesmo assim, devemos
protegê-los
e cuidá-los,
evitando os conflitos.

União

Por nada do mundo desejaria
que ficasse entre nós
o peso das palavras não ditas.

Estas se instalam na alma,
se endurecem
e criam abismos
que terminariam
inevitavelmente separando-nos.

Palavras

Por isso te peço

que não tenhas rancor de mim.

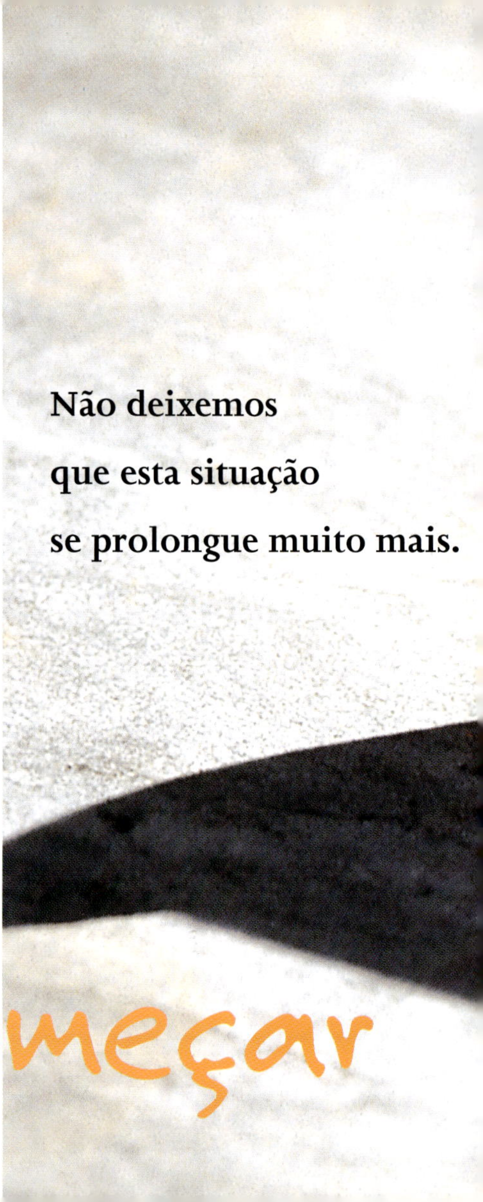

Não deixemos

que esta situação

se prolongue muito mais.

Recomeçar

Existe beleza
nas paisagens frias,
mas não há beleza gelada
no mundo
dos sentimentos.

Deus permita
que minhas palavras
derretam o gelo entre nós
e aqueçam teu ânimo.

Fraqueza

**Aprendemos
muitas coisas
ao longo
da vida.**

Contudo, nunca terminamos
de aprender
que um “sinto muito”,
dito no momento exato,
nos poupa muitas dificuldades.

Desculpa-me

É certo que tampar
uma ferida
pode protegê-la
por um tempo,
mas não a irá curar.
Depois de um certo
período, a falta de ar
impedirá
sua cicatrização.

**Neste caso,
o ar necessário
significa colocar as cartas
sobre a mesa,
e deixar tudo claro.**

Esclarecer

Por isso eu quis
falar contigo
muito sinceramente
para curar a ferida
que te causei.

Curar

Alerta

Devia ter visto
as luzes de alerta,
devia supor
que chocaria
sem remédio
se não me detivesse...

Agora, devo reparar
o dano e tentar
que caminhemos
juntos novamente.

Quando nosso erro
penetra muito profundo
no coração do outro
é muito mais difícil
desenterrá-lo.

Mas, sempre vale a pena
tentar.

Trabalho

Expressões

Às vezes
é difícil me controlar
e deixo que
minha expressão
denuncie meu desgosto.

Mas é momentâneo;
não creias que isso traduz
o que realmente sinto.

Entre duas pessoas
que se querem,
mesmo com luvas delicadas
pode-se ferir.

Por isso, agora
te estendo minha mão
em sinal de reconciliação.

Reconciliação

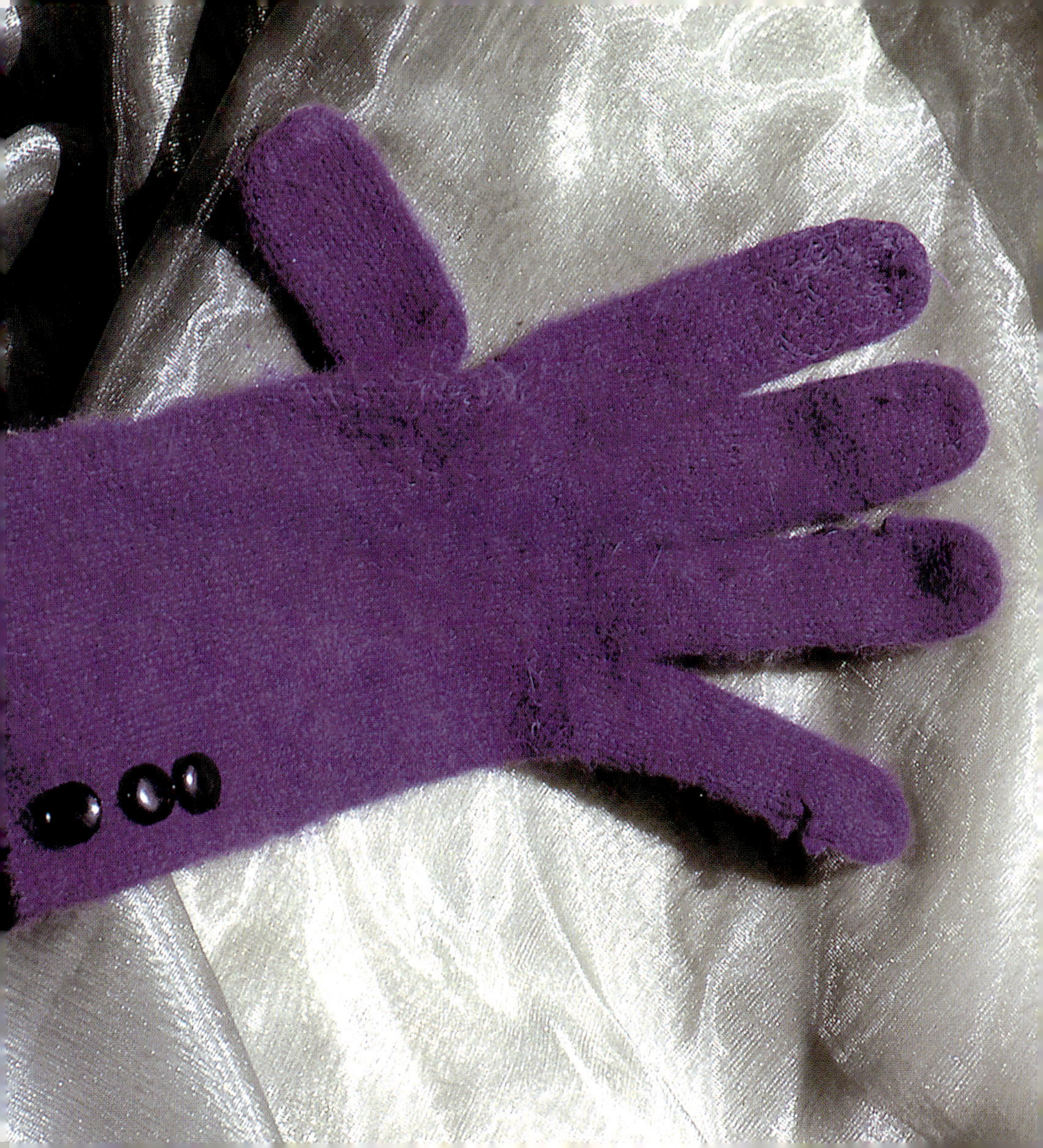

Como num antigo ditado:

Não prestes atenção
à superfície áspera
porque o interior
é suave.

Suavidade

Admitir, suportar
as conseqüências
dos conflitos
e resolvê-los,

pode ser
o começo
de uma nova etapa.

Resolver

Não recordes
só o que agora
nos separa.

Recorda quantas experiências
temos compartilhado,
quantos momentos felizes
temos celebrado,
quantas dificuldades
resolvemos juntos.

Em companhia

Como gostaria
de sentar-me a teu lado
em harmonia
novamente...

Como gostaria
de poder conversar
contigo
como sempre.

Por favor, escuta teu
coração
e perdoa-me.

Harmonia

Outros livros-presente desta editora:

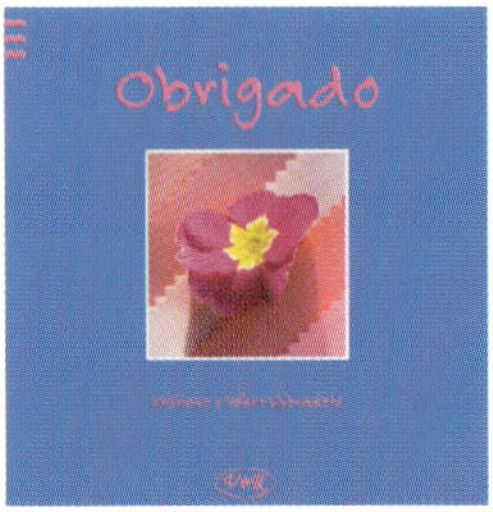

OBRIGADO

VOCÊ VAI CONSEGUIR

TUDO DE BOM NO SEU ANIVERSÁRIO

POR QUE TE AMO?

A MARAVILHOSA AMIZADE

TUDO É POSSSÍVEL